Inspiración Diaria

30 DÍAS CON

Buena Actitud

ESMERARLIS GARCÍA

CONTACTOS:
E-mail: garciaaquinoesmerarlis@gmail.com
Editado, corregido y maquetado por:
Editorial Vestigios Venezuela
E-mail: Vestigioseditorialvenezuela@gmail.com
Diseño de portada:
H+Creativo Venezuela | Orlando Hernández

Agradecimientos

A Dios mi Creador, por regalarme el privilegio de la vida, por amarme como lo hace, por darme fortaleza en todas las adversidades que me ha tocado vivir, enseñándome a tener fe y esperanza para seguir adelante con mis sueños y anhelos.

A mis padres, Francisco García y María Aquino, por ser esas piezas importantes que Dios eligió para instruirme con buenos valores durante este paso por la vida. Su gran amor verdadero me ha dado soporte en los momentos de felicidad y también en momentos difíciles.

A mis hermanos y sobrinos, gracias por amarme como lo hacen.

Esmeralis García
Autora

Dedicatoria

Este libro lo dedico a todas las personas que caminan por esta vida con actitudes negativas, sin darse cuenta del daño que se hacen y le ocasionan a los demás. Es necesario detenerse a pensar en la única discapacidad que tenemos los seres humanos: *una actitud negativa.*

Puede que una actitud positiva no resuelva todos nuestros problemas, pero es la única opción que tenemos para escoger, si en verdad queremos salir adelante cuando se presenten las dificultades.

Esmeraldis García
Autora

Este Devocional

Pertenece a:

Palabras de la autora

Este devocional te ayudará a crear hábitos para vivir la vida con *Buena Actitud*. Decidí que fuesen 30 días por el gran significado que tiene el número 3 y el número 0. El tres está relacionado con la inspiración, la alegría, el autoconocimiento, la conexión entre la mente, el alma y el cuerpo. El número 0 significa eternidad, infinito, unidad y plenitud. Juntos, el 3 y el 0, significan creatividad, comunicación y despertar espiritual.

Mi anhelo es que este maravilloso devocional pueda ofrecerte cada día todos los regalos del cielo, para así tener una actitud correcta frente a tu vida y a la vida de los demás.

Y recuerda que la alegría no es el resultado de una vida fácil sin dificultades, ni está sujeta a las circunstancias cambiantes o estados de ánimo… La alegría es una profunda y constante actitud que nace de la fe genuina en cristo.

¿Por qué escribí este devocional?

Fue a raíz de un proceso muy difícil que me tocó vivir. Durante esos días, sentía que estaba dentro de un túnel sin salida donde solo podía ver oscuridad y no le encontraba propósito a la vida. En medio de todo esto me presenté en oración delante de Dios y le dije: *«Padre amado no vengo a preguntarte por qué me está sucediendo esto, solo necesito que me reveles el para qué está ocurriendo esto en mi vida»...*

Y fue allí cuando llegaron estas palabras a mis pensamientos, como una respuesta de Dios: *«Estás viva, y muchos hoy no pudieron ver la luz del día, incluso hay quienes van camino a una tumba. Esas personas no solo mueren físicamente, también un montón de sueños sin cumplir mueren».*

No sé cómo te suene esto, pero a mí me dejó paralizada. En ese momento le dije a Dios: *«Sí Papá, estoy viva, y tengo muchos sueños por cumplir».* Uno de esos anhelos es ser escritora, y por eso concluí que era necesario crear hábitos para tener una *Buena Actitud* en medio de cualquier adversidad.

Entendí que, si a mí me estaba resultando favorable el reflexionar cada día, el tener una *Buena Actitud* frente a las dificultades, el agradecer por el privilegio de despertar, el hacer un autoanálisis de mi vida, el planificar las cosas que quiero alcanzar, entonces pensé que también a ti te ayudaría este devocional. Sé que será así, por esa razón Dios lo colocó en tus manos.

Esmeralis Garcia
Autora

Contenido

Copyright
Agradecimientos
Dedicatoria
Palabras de la autora
¿Por qué escribí este devocional?
Introducción

Parte I
«¿Cómo mantener una buena actitud?».......15

Día 1
Tu realidad no es tu verdad 16
Día 2
Empieza bien tu día 19
Día 3
Mira dentro de ti 23
Día 4
Actitud que triunfa 26
Día 5
Abraza tus emociones 28

Parte II
«La riqueza de tu ser»......................31

Día 6
Hoy es un nuevo día 32
Día 7
¡Sé optimista! 34

Día 8
La importancia de una buena actitud 36

Día 9
El poder de tus pensamientos 38

Día 10
Eres amada 40

Parte III
«Reconoce tus virtudes» 43

Día 11
Que el miedo no te estanque 44

Día 12
Construye tu identidad 46

Día 13
Tu actitud te llevará lejos 49

Día 14
Elige la calidad de tu vida 51

Día 15
¡Sí Puedes! 53

Parte IV
«Vida afortunada» 57

Día 16
Disfruta lo que tienes ahora 58

Día 17
Hábitos positivos 60

Día 18
Inspírate todos los días 62

Día 19
Construye tu amor propio 64

Día 20
Reconoce tus habilidades .66

Parte V
«Trabaja tus emociones» 69

Día 21
Sonríele a la vida 70
Día 22
Fe sin límites 72
Día 23
Pensamientos positivos 73
Día 24
Sanando las heridas 74
Día 25
Actitud frente a la vida .76

Parte VI
«Más de lo que imagino» 79

Día 26
Dios timonea tu barca 80
Día 27
Conociendo tu propósito 83
Día 28
Obediencia total 85
Día 29
Dios no cuestiona tu pasado 87
Día 30
Cree en tu llamado 89

Acerca de la autora......................92
Acerca de la editorial...................94

Introducción

Comienza este recorrido de 30 días con *Buena Actitud* aprendiendo a crear hábitos que generen cambios visibles en tu vida.

Tener una *Buena Actitud* no significa ignorar lo negativo o no estar preparado para situaciones difíciles, por el contrario, se trata de enfrentar las adversidades de manera constructiva y resolutiva.

En este devocional encontrarás una serie de reflexiones que te conducirán a tomar acciones cotidianas para:

1. Enfocarte en la verdad de Dios para tu vida y no simplemente en lo que estás viviendo. ¡Ubícate por encima de tu realidad!

2. Aprender a reaccionar de la mejor manera, en medio de situaciones adversas que se presentan diariamente.

3. Implementar estrategias positivas, solo así podrás lidiar de manera eficaz con el estado de ánimo.

4. Establecer metas, ya que eso te hará sentir más segura y optimista frente a la vida.

5. Tener pensamientos positivos que te ayuden a enfrentar lo desagradable de una manera agradable.

Esmeralis García
Autora

PARTE I

¿Cómo mantener una Buena Actitud?

«No podemos controlar las cosas que ocurren
en nuestra vida, pero sí podemos decidir cómo
vamos a enfrentarlas».

Esmerarlis García

Tu realidad no es tu verdad

Debes estar consciente de que tu realidad no es tu verdad. Si alguien desea conocer el verdadero propósito de la vida, debe vivir por algo superior a sí mismo, y escuchar la voz del Salvador, diciendo: *«Yo soy el camino, la verdad, y la vida»,* **Juan 14:6 RV60.**

Y es que por más difícil que sea tu situación actual, no significa que esa realidad será eterna, porque cuando algo te sucede tú tienes la posibilidad de elegir si se convierte en una experiencia positiva o negativa.

Esto tal vez suene un poco cabalista, pero permíteme decirte que tienes la capacidad de superar lo insuperable, aunque recuerda, no es con tu fuerza es con la fuerza de Dios. Algunas veces las cosas parecen imposibles solo por lo que esa realidad está reflejando, y entonces surgen creencias limitantes en el eco de la conciencia diciendo que no podrás salir, que no tienes la capacidad para lograrlo.

En medio de toda esa realidad cruel quiero contarte que en una ocasión leí la definición de esta palabra «*resiliencia*», la cual significa: «*Ser capaz de afrontar eventos difíciles*». En ese tiempo, estaba pasando un proceso muy fuerte que, en mi conocimiento humano, yo decía que no iba a superarlo. Pero, una cosa era lo que pensaba yo, y otra cosa era lo que pensaba Dios de mí. Él dice que Sus pensamientos no son nuestros pensamientos.

Querido lector, la verdad de Dios sobrepasa el entendimiento, es así. Quizá has estado en la posición de no creerte capaz de lograr ciertas cosas, pero permíteme recordarte que naciste con habilidades extraordinarias que no imaginas tener. El mundo exterior te mira por lo visible, lo externo, sin embargo, nuestro Padre Celestial mira lo que hay en tu interior, lo que Él ha dicho de ti. No puedes controlar las cosas que pasan en tu vida, pero sí puedes decidir cómo vas a enfrentarlas. Y recuerda que las actitudes repetidas en el tiempo, generan hábitos profundos.

Jamás olvides que tus pensamientos pueden ser controlados y dirigidos. Su poder es tal, que te permite alcanzar cualquier objetivo propuesto. Donde pones el enfoque, estás depositando tu eficacia y con ello estás creando tu realidad. Haz un autoanálisis y responde estas preguntas: **¿Cuál es tu realidad actual? ¿Qué tiene más poder en tu vida, tus fortalezas o tus debilidades?**

«No puedes controlar las cosas que pasan en tu vida, pero sí puedes decidir cómo vas a enfrentarlas».

Empieza bien tu día

Empezar bien el día dependerá de tu actitud. Si bien es cierto que hay circunstancias difíciles de manejar, también es cierto que sí puedes controlar tu actitud hacia ellas.

Siempre hay un día donde te sientes mejor que otros días, ¿te ha pasado? A mí me ha pasado... de hecho, estoy escribiendo estas líneas y pienso en mi estado actual. Al despertar me sentía sin ánimo, en mi mente solo estaba: *«Quédate en la cama acostada y no hagas absolutamente nada»*, pero luego llegó otro pensamiento que cambiaría mi perspectiva: *«Mejor me levanto de esta cama y continúo con mis actividades del día, como lo hago habitualmente»*.

Puedo afirmarte que ahora estás leyendo estas palabras gracias a que en aquella oportunidad tomé la decisión de cambiar mi estado actual. Y con esto no quiero igualar tu estado actual, pero sí puedo decirte: «*Es muy cierto que te conviertes en la persona que has determinado convertirte*».

Existen montones de libros con motivaciones personales, lo cuales te dan herramientas para generar cambios en tu vida, y muchas personas los compran pensando que cuando estén en sus manos todo cambiará... a mí también me ha pasado.

Algunas veces veo el libro y digo que es interesante, pasando por mi mente que con esto podré tener la motivación que necesito, luego me doy cuenta que si en mí no está la responsabilidad de hacer que esos deseos se materialicen, aquellas palabras de motivación no me ayudarán. Porque finalmente eres tú quien decide tomar las riendas de tu vida y alcanzar todas tus metas.

Empieza hoy tu día de una manera más saludable y positiva, con *buena actitud* hacia los acontecimientos que te ocurrirán en el día, y verás que notarás la diferencia de tal manera que te sentirás mejor y más feliz.

Lo primero que debes hacer al despertar es mostrar gratitud por tu vida y por todo lo que existe en ella. Recuerda que el simple hecho de despertar ya es suficiente para dar gracias a Dios Todo Poderoso.

¡Vamos! Agradece a Dios por el nuevo día, por la cama donde duermes, por el techo que te cubre, por abrir los ojos hoy… hay un millón de razones para estar agradecidas, y muchas veces sin darnos cuenta las pasamos por alto.

Es tan real e importante ese proverbio popular que dice: «Con el mismo pie que te levantas, con ese mismo pie te acuestas». Y allí está el punto. Si empezamos nuestro día de la mejor manera, lo terminaremos de la misma manera… y si no lo terminamos de la misma forma, por lo menos podremos aceptar y seguir adelante. Aunque el camino pueda ser escabroso, lleno de piedras y espinas, tu *buena actitud* no permitirá que estas sean barreras de impedimento para continuar.

Al finalizar este día haz este autoanálisis:

- Escucha tus sentimientos.

- Dale un significado a tu vida.

«Nunca olvides que la gratitud es el primer paso que nos lleva a la felicidad».

Mira dentro de ti

¡Ahora mismo mira dentro de ti! Todo lo que quieres ser, ya lo eres. ¿Y cómo puedes saber lo que llevas dentro?

El Apóstol Pablo, en su carta a los corintios, dijo: *«¿Quién de los hombres sabe las cosas del hombre, sino el espíritu del hombre que está en él? Así tampoco nadie conoció las cosas de Dios, sino el espíritu de Dios.* **1 Corintios 2:10 RV60.**

A través de la relación que tengas con el Espíritu Santo, te será revelado el potencial y la fortaleza para superar lo insuperable. Si la vida se pone un tanto complicada, tú tendrás la manera de sobresalir ante la adversidad, y será por el carácter que has forjado en la presencia de Dios. Esto permitirá que se renueven tus ideas, que intentes cosas nuevas superándote a ti misma y reinventándote cada día. Tienes muchas capacidades, recuérdalo bien y repítelo en tu mente: «*Soy más que vencedora por aquel que me amó y me llamó a servirle*».

Preocúpate más por tu conciencia que por tu reputación, ya que tu conciencia es lo que eres, y tu reputación es lo que otros dicen que eres. Además, lo que otros piensan de ti habla más de su percepción que de tu realidad. Tu realidad está en Dios, en lo que Él dijo de ti en Su Palabra, porque solo Él sabe cómo te creó.

Pueda que estas palabras te parezcan un tanto motivacionales, pero mi deseo es ayudarte a entender que eres un diamante en las manos del Alfarero. Hoy es un buen día para reconocer que tu Padre Celestial no ha creado cualquier cosa, por más que otros quieran decirte lo contrario.

Permítete mirar tu interior y observar

la grandeza que llevas dentro; eres un diseño original, no hay nadie como tú, Dios no hace copias.

Hoy regálate el privilegio de mirar dentro de ti para trasmitir quien realmente eres, y hazte las siguientes preguntas:

- *¿Quién soy?*

  R)

- *¿Qué necesito mejorar?*

  R)

«Tal vez lo que estás buscando ya está dentro de ti».

Actitud que triunfa

¿Alguna vez te has preguntando qué determina el ser perdedoras o triunfadoras? Pues, tengo por cierto que es la actitud. Dios te creó con las condiciones para ser vencedora, no fracasada. Te engendró en el vientre de tu madre con todas las condiciones para salir adelante, aun por encima de las circunstancias difíciles que enfrentes.

Alcanzarás un alto nivel de liderazgo cuando adoptes la actitud correcta, cuando tengas una sólida y estrecha relación con Dios, y cuando aprendas a mantener relaciones interpersonales fructíferas con la gente, pero, sobre todo, cuando superes los momentos de adversidad.

27

«Porque cual es su pensamiento en su corazón, tal es él», **Proverbios 23:7 RV60.**

El Señor Jesucristo enfatizó la importancia de que pongas en orden tu mundo interior, ya que la verdadera transformación ocurre desde lo interno hacia lo externo. ¿Te ha pasado que observas a alguien y de inmediato haces una descripción de cómo es esa persona, simplemente por lo que ves? Y luego de conocerla, te das cuenta que era todo lo contrario...

Es por ello que, sin duda, la actitud que usas al iniciar una relación, un proyecto, o fijarte un propósito, determina si lo concluirás o lo dejarás a medio terminar. De verdad, tu actitud determina si eres una vencedora o una fracasada. Todo depende de lo que guardes en el corazón. Así que procura guardar tu corazón, porque de él emerge tu vida.

«Tu buena actitud determina si conviertes los problemas en oportunidades de bendición». Lee Romanos 8:28 RV60.

Abraza tus emociones

Abrazar tus emociones te ayudará a conocerte a ti misma, y al mismo tiempo, te propone una serie de prácticas enriquecedoras para integrar y gestionar equilibradamente tus estados de ánimo en el día a día.

Partiendo de la base que cualquier emoción encierra una oportunidad de crecimiento interior, entonces cada emoción que sientes es algo pasajero, viene y va. Sin embargo, tu mente siempre está predispuesta a reaccionar y a crear interpretaciones con todo lo que percibes, sientes o escuchas.

Es muy importante aprender a

identificar tus emociones y aceptarlas. En redes sociales hay una corta reflexión de un autor anónimo, que dice: «*La sabiduría es el arte de aceptar aquello que no puede ser cambiado, de cambiar aquello que puede ser cambiado y, sobre todo, de conocer la diferencia*».

Es cierto que en ocasiones te sientes alegre, triste, enojada, cansada, ansiosa, calmada, confundida... y no está mal, es algo natural porque esas emociones son parte de todo lo que estás experimentando a través de la vida. El error está en dejarte dominar por ellas. Con eso debes tener muchísimo cuidado.

Hoy sé consciente de tus emociones y abrázalas. Escribe cómo te sientes, y con cuáles emociones te identificas.

«Necesitas sentir y entender tus emociones, no anestesiarlas ni ignorarlas, pero tampoco dejarte dominar por ellas».

Oración

Amado Señor, te pido en el Poder de tu Nombre, ayúdame a reconocer que tú eres el único que puede cambiar mi realidad con tu verdad.

Yo creo que abrirás mi entendimiento ante el Trono de la Gracia, y mis días en esta tierra se le alargarán para poder disfrutar de quien soy en ti. Reconozco que tú dijiste que soy más que vencedora en tu Nombre. Enséñame a vivir día a día por tu Palabra, te lo pido en el Nombre de tu hijo amado Jesús, amén.

PARTE II

La riqueza de tu ser

*«El pasado terminó anoche,
hoy es otro día. Disfruta y sé feliz».*

Esmeralis García

Hoy es un nuevo día

Qué hermoso es despertar en la mañana, escuchar a los pajarillos cantar, y ser testigo de que a Dios le ha placido regalarte otro día más de vida.

Cada amanecer es un nuevo comienzo, una nueva ilusión, una esperanza impregnada con rayos de luces que entran por tu ventana; no importa que el día este nublado y no veas el sol, siempre hay esperanza. Aprende a mirar más allá. Abre tu corazón hoy a Dios y agradece que respiras, que puedes ver el universo y saber que eres parte de él.

Un nuevo día es una oportunidad

irrepetible para cambiar lo que sabemos que no es favorable para nuestra vida, y así descubrir el poder de nuestra buena actitud. Emprende este día con tu mejor posición, pues eso te ayudará a alcanzar las cosas que te propongas en el día de mañana.

«*Este es el día que hizo el Señor; nos gozaremos y alegraremos en él*», **Salmos 118:24 RV60.**

En esta cita bíblica el salmista se alegra y se atreve a afirmar que recibirá con gratitud el día. Aun en medio de la adversidad, y la dificultad que pueda presentarse hoy, mantén una *buena actitud*, porque tu *buena actitud* exalta a Dios por encima de tu mal momento.

Escribe qué cosas quieres hacer hoy, y analiza si es lo mejor para tu vida.

«*El pasado terminó anoche, hoy es otro día. Disfruta y sé feliz*».

¡Sé optimista!

Existen muchas personas en esta tierra, pero cada una posee características distintas que las hacen seres especiales. Mientras algunas siempre miran el lado bueno de las cosas, hay otras que pasan todo el día lamentándose.

Es cierto, en la vida no todos los momentos son agradables, y el no reconocer eso es engañarse, sin embargo, existen muchas personas por las cuales sonreír cada día y muchos motivos para encarar nuestra vida con la mejor actitud posible. La mentalidad positiva y el optimismo aumentan el bienestar psicológico y físico, provocando una mayor sensación de felicidad.

Si nos detenemos a pensar por un momento, podemos analizar que los niños nacen con su propio optimismo, ellos tienen una claridad y sencillez de la vida que algunas veces podemos llegar a desear.

Es tan importante ser optimista, ya que esto tiene la virtud de ver el lado bueno de las cosas, por muy negativas que puedan parecer al principio, además que el optimista posee mayor probabilidad de alcanzar éxitos.

El optimismo hace que las personas, en su mayoría, tengan buen humor. Por tanto, la resiliencia juega un papel importante cuando eres optimista, ¿sabes por qué? porque requieres fe en ti y en tu capacidad de seguir adelante, pase lo que pase.

«El optimismo es esencial para el logro, es también el fundamento del valor y del verdadero progreso».
-Nicholas M. Butler-

La importancia de una Buena Actitud

Tener *buena actitud* mejora tu autoestima y comportamiento para lograr el éxito en todo lo que te propones. El pensamiento positivo busca los mejores resultados ante las peores situaciones, manteniendo el principio sólido de que siempre es posible encontrar algo bueno en todo, aunque las cosas se vean mal a tu alrededor.

Una *buena actitud* puede mejorar tu situación o circunstancia, llevándote a alcanzar tus sueños y metas con trabajo diligente y constante para lograrlo. Una actitud positiva te induce a desarrollar pensamientos y acciones efectivas. Mientras que, una mala actitud puede limitar tu potencial y hacer que fijes tu mirada en los aspectos negativos de la vida, desenfocándote de los objetivos trazados.

Tu estado de ánimo depende de cómo sea tu actitud, así que permítete dar un giro y observar las cosas que has alcanzado, sin frustrarte por las que no has logrado.

Hoy necesitas ser consciente y detenerte a pensar si la actitud que tienes es la correcta para tu éxito.

«Nada es imposible en este mundo, solo si mantienes una buena actitud».

El Poder de tus pensamientos

Los pensamientos son la energía más poderosa que tiene el ser humano. La mente o conciencia humana es la creadora de todo lo que pasa a su alrededor, ya sea bueno o malo.

Si estuvieras consciente de que los pensamientos son tan reales, entenderías porqué pasan tantas cosas. Según el ritmo con el que te detienes a pensar, definirá cómo te sentirás mental y emocionalmente.

Es necesario reconocer que los pensamientos tienen el poder de cambiar tu realidad, sabiendo que el don de la inteligencia que posees no es para ser víctima sino triunfadora. Así de importante son tus pensamientos, pues ellos te conducen para bien o para mal.

Saber identificar cuándo los pensamientos negativos tienen más poder en tu vida, es una señal de que naciste con las herramientas necesarias para no dejar que lo negativo tenga más lugar que lo positivo. Si de verdad posees esta gran virtud, aprovecha el privilegio de que solo con una decisión puedes mejor tu estado de ánimo.

Así que deja de vivir en piloto automático, y estimula hoy las hormonas de felicidad en tu cerebro. ¡Haz lo que amas y jamás serás una esclava!

«Y sobre todas las cosas, cuida tu mente, porque ella es la fuente de la vida», Proverbios 4:23 TLA.

Día 10

Eres amada

Eres amada por un Dios perfecto... ¿Has meditado en esa poderosa afirmación? Él te ama tal como eres, suple tus carencias, perdona tus faltas, te quita lo que te estorba, te impulsa, te da seguridad, valor, alegría, esperanza, amor, y te ayuda a no depender de tu pasado sino de quién eres en Él.

En esto consiste el amor, no en que nosotras hayamos amado a Dios, sino en que Él nos amó primero y envió a su único hijo para que fuera ofrecido como sacrificio por el perdón de nuestros pecados.

Abraza ese privilegio de saber que eres amada por Dios, que se deleita en verte sonreír. Aunque a veces sientas que todo se derrumba a tu alrededor y pienses que estás sola, no es así. Dios está ahí en el silencio queriendo llamar tu atención y hacerte saber que cuando le entregas tus cargas a Él, puedes sentir el abrazo del Padre llenándote de su inmensa paz.

Cuando reconoces que eres amada por Dios, dejarás de ser víctima y ya no te llenarás de información que los demás piensan y hablan de ti.

Mujer, tú eres luz. Deja que brille la luz de Cristo a través de ti y solo así vivirás con propósito, porque para eso naciste.

Repite dos veces estas palabras:

- Soy perdonada.
- Soy libre.
- Soy amada.
- Soy feliz.

Oración

Amado Rey que reinas en la eternidad, te doy gracias por mi vida, por mi familia, y por mis seres queridos. Rindo mi vida a tus pies reconociendo que nada soy sin ti.

Perdóname por las veces que he puesto a un lado mis emociones, y no me detengo a pensar que en medio de ellas tú tienes cuidado y control de mi vida. Enséñame cada día las habilidades que has puesto en mí para que sea visible tu amor en mi vida, y en la vida de los demás. Te lo pido en el nombre de tu hijo amado Jesús, amén.

PARTE III

Reconoce tus virtudes

«No es lo que existe en tu mundo externo lo que determina la calidad de tu vida, es cómo eliges procesar tu mundo interno lo que determina la calidad de tu vida».

Esmeralis García

Día 11

Que el miedo no te estanque

El miedo es una de las emociones básicas e inevitables del ser humano, y ha resultado ser muy útil en términos de supervivencia, pues te ayuda a reaccionar ante una amenaza real.

En cambio, esos miedos, esos terrores psicológicos que impiden tomar acciones y limitan de diversas formas, son los que debes aprender a manejar y reflexionar al respecto.

Es muy difícil hacer las cosas con miedo, pero es necesario hacerlas para no vivir paralizada, dejando que se escape de tus manos aquello que tanto anhelas, y todo por el miedo que te estanca.

En la Biblia podemos encontrar personas que también tuvieron miedo, como fue el caso de Elías quien huyó para salvar su vida. Él se fue a Beerseba, una ciudad de Judá, y dejo allí a su sirviente. Luego siguió solo todo el día, hasta llegar al desierto. Se sentó bajo un solitario árbol de retama y pidió morir: «... *Basta ya, Señor; quítame la vida, porque no soy mejor que mis antepasados que ya murieron...*», esta historia la puedes leer completa en *1 Reyes 19:3-4 RV60.*

Lo que quiero decirte es que todos los seres humanos tienen miedo, y eso no te hace menos que nadie, por el contrario, te ayuda a reconocer que no es con tus fuerzas sino con las fuerzas de Dios que podrás hacer las cosas imposibles.

«Toma riesgos y supera tus miedos; la tranquilidad no llegará si te pasas la vida evadiendo».

Día 12

Construye tu identidad

Empiezas a construir tu identidad cuando reconoces a Cristo como tu Salvador. La conciencia juega un papel fundamental en tu identidad, pues eres una hija de Dios por la fe en Cristo Jesús; porque todos los que han sido bautizados en Cristo, de Cristo están revestidos. ¡Esa es tu identidad! **Lee Gálatas 3:26-27 RV60.**

Te cuento que nací en un hogar cristiano, y te puedo decir que el hecho de crecer con padres que me enseñaron el camino de Dios desde que estaba en el vientre de mi madre, eso no impidió que al crecer me viera influenciada con las cosas del mundo. Una de las palabras que siempre escuché desde niña fue: *«Naciste con propósito», sin embargo,* llegué a una edad donde empecé a mirarme como el mundo me miraba, en lugar de verme como Dios me veía... y esto afectaba completamente mi vida.

Esa chica amorosa, complaciente con todas las personas, llegó a transformarse en otra. Hubo momentos donde le pedí a Dios dejar de ser así, ya que no entendía por qué recibía rechazos de personas a quienes solo les transmitía mi amor proveniente del Padre Celestial.

Sentía que los demás me veían como alguien débil, y dudé muchas veces de esa palabra que recibí en mi niñez: *«Naciste con propósito».* Me llegué a preguntar cuál era mi propósito, porque la verdad es que no le encontraba sentido a mi vida.

¿Cuántas veces *has recibido palabras hirientes?*

Quizás no tienes una estadística de eso, pero estoy segura de que muchas palabras te han afectado, provocando heridas invisibles en tu identidad, así como las provocaron en la mía. Llegó un momento de mi vida donde finalmente comencé a silenciar esas voces negativas y me rendí al primer amor.

Entendí que mi identidad estaba en Dios, y que era más importante lo que Dios dice de mí que lo que otros dicen de mí. Y este pequeño testimonio es para entender que todos tienen una historia que contar, pero tu mejor historia la escribió Dios en la eternidad. Cada día debes pedirle a Dios que te enseñe a valorar quién eres en Él.

«Entendí que mi identidad estaba en Dios, y que era más importante lo que Dios dice de mí, que lo que otros dicen de mí».

Día 13

Tu actitud te llevará lejos

Si tu actitud hacia la vida es buena, seguro que tus resultados han de ser buenos. Ahora, si tu actitud es excelente, lo más seguro es que tus resultados en la vida sean excelentes. Lo mismo aplica cuando tu actitud hacia la vida no es muy buena, lamentablemente tus resultados no han de ser muy buenos.

Como veas el mundo en que vives, es simplemente el reflejo de tu actitud. Las personas enfocadas y con expectativas altas de obtener los resultados deseados, son las que van por la vida obteniendo efectos positivos. Mientras que, las personas que siempre andan esperando lo peor de la vida, se quedan cortas en alcanzar las metas propuestas, y nunca pueden lograr nada porque su mala actitud les impide ver la vida como Dios quiere que la vean.

Entonces, ¿qué hacer? Empieza a pensar sobre las actitudes que estás demostrando ante la vida, si estás resaltando lo que de verdad tiene valor, y aunque en ocasiones te sientas sin fuerzas pensando que no llegarás a la meta, recuerda que tu mente cree lo que le dices. Por eso, ten mucho cuidado con lo que piensas, con lo que escuchas, y con lo que dices.

Solo confía, y recuerda que los comienzos pueden tornarse en riesgos, pero es importante que tomes la iniciativa de empezar. Pon en práctica las decisiones que tomes hoy y analiza el poder que tienen esas decisiones.

«El éxito de un ser humano depende totalmente de su actitud. Asegúrate de que Dios respalde tu actitud».

Elige la calidad de tu vida

Debemos tener presente que nuestro enfoque determina nuestra realidad. La motivación juega un papel fundamental para descubrir cómo generar ese estado favorable de realizar las cosas con actitud positiva.

Cuando mantienes una buena actitud, la mente se abrirá a nuevas perspectivas con la capacidad de ser creativa y aportar ideas para afrontar novedosas soluciones ante las dificultades.

El camino del corazón, ese donde pones tu alma a todo lo que haces, es el modo más directo de activar un acercamiento con nuestra realidad y así poder encontrar esa paz interior que vive en el alma.

«Tengan cuidado de cómo se comportan. Vivan como gente que piensa lo que hace, y no como tontos. Aprovechen cada oportunidad que tengan de hacer el bien, porque estamos viviendo tiempos muy malos. No sean tontos, sino traten de averiguar qué es lo que Dios quiere que hagan», **Efesios 5:15-16 TLA.**

La misma Biblia dice que los días vendrán de mal en peor, pero también da herramientas para vivir de la mejor manera y alcanzar la vida eterna. No todo está perdido, en ti está la decisión de tomar acción y promover cambios beneficiosos para tu alma.

«No es lo que existe en tu mundo externo lo que determina la calidad de tu vida, es cómo eliges procesar tu mundo interno lo que determina la calidad de tu vida».

Día 15

¡Sí puedes!

Cuando piensas de manera negativa sobre próximos eventos, tienes que asegurarte de poner fin inmediatamente a este pensamiento y tendrás que valorar la situación. Por favor, no te dejes influenciar por tus miedos y ansiedades porque ellas activan tu mala actitud.

Debes permitirte aprovechar las oportunidades y buscar soluciones a lo que te impide llegar donde quieres. Sabes que puedes llegar lejos porque tienes todas las herramientas para hacerlo, además tienes lo más importante que es un corazón dispuesto y un pensamiento que te revela lo que quieres alcanzar. En una ocasión escuché la siguiente frase: *«No me cuentes tus sueños, solo dime si estás creyendo en ellos».*

Es tan real el hecho de que muchas veces hablas de los sueños que quieres cumplir, pero te quedas corta en trabajar por eso.

No vengo aquí a hablarte solo a ti, también me hablo a mí, y soy sincera al decirte que en ocasiones me he preguntado si podré hacerlo. Pero hoy me respondo: *«¡Claro que puedo hacerlo!»* Y respóndete tú: *«¡Claro que puedo lograr eso que tanto sueño!»*

Es necesario cambiar ese *«no puedo»*, y empezar a decir *«sí puedo».* Porque si puedo llevar ese sueño dentro de mí, también puedo hacer que se materialice.

«Hoy será un gran día porque así lo he decidido».

Oración

Señor, merecedor de toda Gloria y Honra, me presento delante de ti para pedir que me des las herramientas necesarias en el plan que determinaste para mi vida. Reconozco mi identidad y entiendo que soy vencedora en ti, que no importan las circunstancias si tú estás conmigo.

Ayúdame a tener una actitud correcta frente a la vida que tú me regalaste. Te lo pido en el nombre de tu hijo amado Jesús, amén.

PARTE IV

Vida afortunada

«Las palabras tienen poder...
Como te expreses sobre ti, programará el
subconsciente, porque la mente escucha
y cree lo que tu voz le dice».

Esmerarlis García

Disfruta lo que tienes ahora

Apreciar lo que ahora tienes no quiere decir que no debas aspirar una mejor vida. Disfruta ahora mismo de lo que has podido lograr, pues son esos esfuerzos los que han hecho posible disfrutar tus logros en este momento.

No debes esperar en "algún día" para sentirte feliz sobre la vida que tienes, ese "algún día" está aquí y ahora. Reflexiona en la bendición y el privilegio de poder estar aquí y ahora disfrutando lo que tienes hoy.

No existe nada de malo en proponerte metas altas, pero si aún no las has alcanzado no existe razón alguna para no disfrutar del presente, sin lamentarse por lo que aún no has podido alcanzar. Trata de reflexionar en esto y ser más agradecida con la vida que tienes ahora, sin perder de vista la que te espera más adelante y estás enfocada en vivir. ¡Aspira siempre lo mejor!

Estar viva es la primera señal para disfrutar el ahora. Es un buen momento para dejar de preocuparte por lo que va a suceder, y empieza a disfrutar lo que está ocurriendo ahora mismo.

- Detente periódicamente y sonríe.

- Toma una respiración profunda.

- Descubre tu poder de ser suficiente.

- Vive agradecida y con *buena actitud*.

«La felicidad no mora en las posesiones, la felicidad vive en tu alma. ¡Encuéntrala hoy!»

Día 17

Hábitos positivos

Es necesario aprender a utilizar palabras positivas para escribir tu vida, ya que muy pocas veces, seguramente, te detienes a pensar en el poder de tus palabras, pero definitivamente lo que dices con tu boca conlleva a una eficacia. Las palabras tienen poder, y como te expreses de ti misma programará tu subconsciente, porque la mente escucha y cree lo que tu voz le dice.

Si te preguntan sobre tu vida y la describes como problemática, llena de conflictos, aburrida, vacía, sin metas ni sueños, pues exactamente es así como los demás la van a percibir, y es así como estará programada en tu mente.

Es algo muy simple, pero en realidad tiene mucho poder. Un campo de virtudes puede rodear tu vida si tan solo empiezas a utilizar un lenguaje más positivo con respecto a tu propio entorno.

Enfócate ahora en lo que quieres, porque si estás enfocándote en lo que no quieres, en lugar de enfocarte en lo que quieres, le estás dando más valor a lo negativo que a lo positivo.

Es tiempo de aprender a crear hábitos que te ayuden a tener una vida mejor equilibrada. Aquí te dejo unos para que los pongas en práctica hoy...

- No te compares con otros.

- Haz a un lado el miedo.

- Enfócate en lo que quieres.

- Establece metas reales a corto, mediano y largo plazo.

«La diferencia entre lo posible y lo imposible, reside en la determinación».
-Tommy Lasorda-

Día 18

Inspírate todos los días

Siempre hay una nueva razón para estar inspirada, y tú misma eres tu propio mundo y tu propia realidad. Ese concepto reside en lo que has construido sobre ti, en sentirte cómoda contigo misma, a gusto con quien eres.

Una vida sin enfoque y sin propósito es una vida propensa y vulnerable a los pensamientos negativos. Tú tienes el poder de empezar cada día bien temprano, con una nueva actitud y con un nuevo propósito, tan solo es cuestión de crear ese hábito saludable.

«En el año 1960, el cirujano plástico Maxwell Maltz, definió la duración de 21 días para crear un hábito. Posteriormente, se ha visto que las neuronas no son

capaces de asimilar de forma completa un nuevo comportamiento en este tiempo, y corremos el riesgo de abandonarlo de forma prematura solo con 21 días de entrenamiento.

Sin embargo, en estudios posteriores realizados por la University College de Londres, descubrieron que en realidad son necesarios 66 días para incorporar una nueva conducta en nuestra rutina y hacer que se mantenga», **información tomada del portal web https://lamenteesmaravillosa.com/ cuanto-tiempo-necesito-para-crear-un-habito/**

Recuerda en todo momento que no hay nadie con más poder inspirador que tú misma, porque solo tú conoces esas virtudes y destrezas que te acompañan.

Hazte hoy esta pregunta: «¿Para qué me levanté?» Siéntete feliz de despertar y soñar con los ojos abiertos. Escoge un día para meditar en esto, visitando un ambiente tranquilo con la mente en calma.

«Todo lo puedo en cristo que me fortalece», Filipenses 4:13 RV60.

Día 19

Construye tu amor propio

Mujer, ¿sientes verdadero regocijo por ser quien eres y por haber llegado a este maravilloso mundo? Reconoce que eres única e irrepetible, que eres un verdadero milagro que merece amor propio.

Todo lo que necesitas para ser feliz está dentro de tu propio ser ahora mismo, no mañana, no algún día, no después, es hoy. Reconocer esto demuestra el amor que tienes hacia ti misma. Se trata de estar agradecida por la oportunidad única de descubrir cada día el por qué y el para qué estás aquí en este paso por la vida; eso es neurálgico, es fundamental y vital para ti.

Cuando analizas las cartas del apóstol Pablo, entiendes cuán fundamentales y eficaces son para el crecimiento espiritual de todo el que las lee, tanto así que si meditas en cada palabra empiezas a verte como Dios te ve.

«Dios en su bondad me nombró apóstol, y por eso les pido que no se crean mejores de lo que realmente son. Más bien, véanse ustedes mismos según la capacidad que Dios les ha dado como seguidores de Cristo», **Romanos 12:3 TLA.**

El equilibrio consiste en no dejar que nadie te quiera menos de lo que te quieres tú. Y recuerda que el amor que te tienes jamás se comparará con el amor que Dios te tiene.

«Te amas a ti misma en la medida que entiendes cuánto te ama Dios».

Día 20

Reconoce tus habilidades

Desarrollar tu autoconocimiento te permite reconocer las habilidades que posees. Quizás también te ha pasado que otras personas pueden ver en ti cosas que tú desconoces, y algunas veces no se trata de desconocerlas, sino que tú no las aceptas como fuente enriquecedora para tu vida.

Es probable que lleves en tu interior todas las herramientas para crecer y tener tu propia expectativa positiva de la vida, pero te dejas confundir por quienes hablan de ti. ¿Qué debes hacer? Reconocer claramente las virtudes que posees, y esto te impedirá escuchar las voces que te descalifican.

Tu poder personal es la fuerza más auténtica que hay en ti, ya que este permite desarrollar las capacidades para mejorar y experimentar cambios extraordinarios en tu vida. Por eso debes considerar como necesario:

- Explorar lo positivo de tus acciones.

- Atender las emociones cuando se manifiestan en momentos álgidos y bajos.

- Mantenerte en constante movimiento para activar tu poder creativo.

- Vivir siendo agradecida.

«Tú eres tu propio universo y tu propia realidad».

Oración

Amado Señor, gracias por tu infinito amor. Pongo mi vida delante de ti reconociendo que sin ti nada soy. Eres la fuente de mi vida, eres el camino de mi verdad, ayúdame a entender cada día mi propósito en ti.

Quita todas las cosas que no te agradan de mí, quiero ser tal cual dices en tu Palabra que soy. Ayúdame a serte fiel día a día. No permitas que las tentaciones del enemigo tengan efecto en mí. Te lo pido bajo la comunión de tu Santo Espíritu, amén.

PARTE V

Trabaja tus emociones

«Muchas personas dicen tener fe,
pero la condicionan según las cosas
que solo ven».

Esmeralis García

Día 21

Sonríele a la vida

La vida es la única oportunidad que tienes de sentir en cada amanecer ese aire puro que Dios te ha regalado. Estar viva es tener un camino lleno de oportunidades para disfrutar esta aventura que te fue dada. Y esta aventura llamada vida se vive reconociendo que eres una persona maravillosa, llena de amor, de agradecimiento, y ganas de luchar.

Hoy tú puedes gritarle a la vida que, aunque haya momentos difíciles, mientras estés viva seguirás sonriendo, porque tú misma te contagias de esa energía que tienes al poder sentir tu respiración y poder amar. «*El corazón alegre hermosea el rostro; mas por el dolor del corazón el espíritu se* *abate», **Proverbios 15:13 RV60.***

Regálate ese versículo hoy y considéralo importante en tu diario vivir. Reflexiona acerca de fingir felicidad, porque eso es engañarte, mientras tu corazón dice lo contrario. El espíritu recibe los quebrantamientos y hasta penetran tu alma.

Haz esta terapia:

- Toma un poco de sol.

- Mira al cielo y sonríe.

- Practica la virtud de respirar aire puro reflexionando y agradeciendo.

- Respira profundo para aumentar tus niveles de endorfina. Esto te ayudará a bajar los niveles de ansiedad y así podrás darle libertad a tu sonrisa con entrega y pasión.

«Usa tu sonrisa para cambiar el mundo, y no dejes que el mundo cambie tu sonrisa».

Fe sin límites

Cuando comienzas a vivir por fe, y no por vista, aunque tengas limitaciones frente a ti, podrás mantenerte firme en la posición de seguir creyendo. Muchas personas dicen tener fe, pero la condicionan según las cosas que solo ven.

Pero, ¿de qué vale decir que tienes fe cuando tu lenguaje es diferente a lo que estás creyendo? Ora para que te mantengas inconmovible con la certeza en lo que estás esperando, y que esa convicción de lo que tú no estás viendo la sigas declarando. Una fe sin límites es aquella que, aunque no vea nada, habla como si ya lo tiene. ¡Hecho está!

«La fe es la constancia de las cosas que se esperan, la comprobación de los hechos que no se ven» Hebreos 11:1 NVI.

Pensamientos positivos

El día de hoy haz una pausa y reflexiona sobre tus pensamientos, pregúntate si tu pensamiento es útil o no, y presta atención a lo que dices de ti misma. Si llega a salir algún pensamiento negativo, reemplázalo con un pensamiento positivo e intenta crear otras alternativas para solucionar la situación.

Entra en una irrupción del pensamiento, y practícala todos los días; allí te darás cuenta que cuando menos lo esperes desecharás pensamientos no deseados y te verás frente a un arcoíris de posibilidades. ¡Irrumpe todo lo negativo que te impide avanzar!

«Ten presente que un pensamiento positivo por la mañana puede cambiar tu día por completo».

Sanando las heridas

Aprender a perdonar es uno de los mejores actos de valentía para comenzar el proceso de sanidad interior.

El perdón genuino produce cambios increíbles como: reduce el temor al rechazo, reduce el engaño, el abandono, la inseguridad... por lo tanto, incrementa la confianza en ti y produce liberación del alma.

Como aprendiz y amante de la conducta humana, puedo decirte que una de las mejores terapias para la sanidad es el perdón. Uno de los casos visibles en el proceso de sanidad se da por las heridas producidas en la infancia. Muchos psicólogos utilizan esta frase: *«Cuando sanes a tu niño interior, podrás convertirte en el adulto que deseas».*

Este término *«niño interior»* se refiere al aspecto de la personalidad formado en la infancia, y que se mantiene, hasta cierto punto, a lo largo de la vida en una persona. Llevando esto a una perspectiva bíblica, es evidente que todo nuestro ser debe estar sano para poder disfrutar de la vida, pero ¿cómo podremos disfrutar a plenitud con falta de perdón? Quizás eres una de esas personas que dicen: *«Pero yo no tengo que pedir perdón si fue a mí que hicieron daño»*, Sin embargo, entregarle tus cargas a Dios también es reconocer que necesitas ser perdonada y perdonar a otros.

El salmista decía:

«*Él sana a los quebrantados de corazón, y venda sus heridas»* Salmos 174:3-5 RV60.

Día 25

Actitud frente a la vida

Dicen los expertos en materia, y también las voces populares, que la actitud ante la vida lo es todo. Es algo tan conocido que ya no sorprende. Pero debes tener en cuenta que, si cambias tu actitud, puedes ver la vida de otra manera. Incluso, un mismo hecho doloroso puede verse de otra forma muy diferente por personas distintas, y la clave está en la *buena actitud* que tengan.

Existen algunas culturas que celebran la muerte de un ser querido, como señal de un paso a una nueva vida. Pero no todos pueden celebrarlo de esa manera. Y tú ¿cómo estás enfrentando los retos que se te presentan en la vida? Asegúrate de encararlos con una *buena actitud*.

Y es que la actitud depende de ti, de tus creencias, y de las emociones que estés experimentando en ese momento de dificultad.

¿Necesitas siete claves básicas para enfrentar la vida? Acá las tienes...

- Quiérete más y mejor.

- Fomenta pensamientos positivos.

- Mejora tu autoestima.

- Interpreta la vida de forma positiva.

- Sé realista contigo misma.

- Medita todos los días en cómo estás viviendo.

- No vivas por vivir.

Oración

Padre Celestial, Creador de todo, fuente de toda bondad y amor, por favor mírame con bondad y recibe mi sincera gratitud en este momento.

Te doy gracias por darme el privilegio de la vida, por tu misericordia. Hoy te ruego, ante tu trono, que me ayudes a renovar mis pensamientos en obediencia a tu Palabra. Reconozco que nada soy sin ti, por eso te pido que cuides mi caminar y mi sentar desde ahora y para siempre, amén.

PARTE VI

Más de lo que imagino

«¡Cristo está en tu barca! Aunque
a veces lo veas en silencio, no
significa que Él no está trabajando».

Esmeralis Garcia

Dios timonea tu barca

Querida lectora me place decirte y recortarte que Dios está en tu barca, por encima de cualquier tempestad. ¿Has reflexionado muy bien en lo que esto significa?

Días atrás, hablaba con una amiga acerca de este devocional, y yo le preguntaba qué pensaba ella sobre el tener una *Buena Actitud* en Cristo… Me decía que para ella significa algo muy grande, pues era la capacidad de reconocer, por encima de cualquier viento tempestuoso, que Cristo está en la barca… y no solo está, sino que la timonea y dirige muy bien.

Eso me llevó a meditar acerca de la mejor actitud que como hija de Dios debes tener. Es saber que, aunque vengan olas fuertes, y pienses que estás sola hundiéndote, Dios jamás te dejará hundir. En la vida se levantan un sinnúmero de problemas que intentan derribarnos... pueden ser padres sufriendo por hijos rebeldes, problemas familiares, situaciones con los hermanos de tu congregación, enfermedades, desempleo, y más crisis que bambolean la barca de tu vida.

En el Evangelio de Marcos se encuentra un pasaje donde Jesús le hace una promesa a sus discípulos: «... *Pasarán al otro lado...*».

«... *Y despidiendo a la multitud, le tomaron como estaba, en la barca; y había también con él otras barcas. Pero se levantó una gran tempestad de viento, y echaba las olas en la barca, de tal manera que ya se anegaba. Y él estaba en la popa, durmiendo sobre un cabezal; y le despertaron, y le dijeron: Maestro, ¿no tienes cuidado que perecemos? Y levantándose, reprendió al viento, y dijo al mar: Calla, enmudece. Y*

cesó el viento, y se hizo grande bonanza...»,
Marcos 4:36-41 RV60.

No sé si esta reflexión habló a tu corazón, pero nuevamente quiero recordarte que Cristo está en tu barca y no se hundirá, aunque Él parezca estar en silencio sin hacer nada.

«Cierra tus ojos y pon tu confianza en Él, mantente quieta sabiendo que estás segura en quien te llamó y salvó».

Conociendo tu propósito

El primer paso para conocer tu propósito es fomentar una comunión con Dios, estudiar su Palabra, orar, buscar su voluntad, y obedecer sus mandamientos. ¿Parece sencillo verdad? Lo es, siempre y cuando ames profundamente a Dios. Cuanto más lo ames, más le obedecerás.

¿Cuántas personas andan por la vida perdidas, lejos de Dios, sin saber su propósito, creyendo que el mundo les dirá para qué nacieron? Muchas. El mundo te impone diferentes marcas, pero ninguna está relacionada con tu verdadero propósito. Porque lejos de Dios es imposible conocer para qué fuiste creada, y cuando lo descubres estando en Dios, ese propósito le da sentido a tu vida.

Vivir dentro del designio de Dios es como tener un mapa que te mantiene en la dirección correcta para que no te pierdas en el camino.

Es evidente que cuando buscas estar en una comunión ferviente con Él, comienzas a visualizar para qué fuiste llamada.

«… *No me escogieron ustedes a mí, sino que yo los escogí a ustedes y los comisioné para que vayan y den fruto, un fruto que perdure. Así el Padre les dará todo lo que pidan en mi nombre…*», **Juan 15:16 NVI.**

«Es necesario pedirle a Dios, cada día, que te enseñe a conocer ese propósito que depositó en tu corazón, solo así podrás ser útil en su Reino».

Obediencia total

El señor te da instrucciones para que hagas lo que te ha encomendado. Pero, seguramente muchas veces no haces lo que de verdad Él quiere que hagas.

Jesucristo debe ser tu modelo de obediencia. Recuerda lo que le dijo a la mujer samaritana: «... *Jesús les dijo: Mi comida es que haga la voluntad del que me envió, y que acabe su obra...*», **Juan 4:34 RV60.**

Esto afirma que el obedecer al Padre Celestial era lo que traía satisfacción a la vida de Cristo. Él no buscaba aprobación de las multitudes que venían a escucharle, sino que su alma se sentía satisfecha al complacer a Dios.

¿Está tu alma satisfecha con solo complacer a Dios? Es bueno reflexionar en tu respuesta. Quizás, en ocasiones crees que es mejor hacer lo que es de tu agrado, pero luego te das cuenta que al obedecer a Dios sientes más gozo.

Presta mucha atención y no te desvíes de hacer las cosas que Él quiere que hagas, porque es allí cuando llegan las tormentas inesperadas. Si vas por el camino incorrecto, Dios buscará la manera de que entiendas que no es parte de su plan. Es tiempo de dar un pequeño paso de obediencia, pero será un paso gigantesco hacia tu bendición. *Lee Deuteronomio 30:20 RV60.*

«En ocasiones, será doloroso, pero necesario para tu crecimiento y cumplimiento del plan que Dios ideó para ti»

Dios no cuestiona tu pasado

En diversas ocasiones, quizás te encuentres queriendo vivir del pasado, y en amargura por lo que pasó. Pudieras justificarte diciendo que es normal, que hay momentos de tu vida donde has sido marcada y hoy te sientes culpable. Sin embargo, Dios te revela en su Palabra que todos tus pecados fueron perdonados aquel día cuando Él entregó a su hijo unigénito para morir por ti.

Es importante que comprendas el hecho de estar hoy en esta tierra, entendiendo que aún te queda mucho por vivir, pero si te quedas atrapada en el pasado, no podrás llegar a donde Dios quiere que llegues.

Es tiempo de entregarle a Dios tu pasado y pedirle que te dirija con entendimiento de lo alto, solo con su sabiduría podrás encontrar el camino que Él desea transites, y así llegarás a la meta.

Él conoce tu futuro y lo que te espera, porque todo lo que viene de su parte es más grande que tu pasado. Ya no más lamento por lo que pudo haber pasado y no pasó, deja todo atrás y mira hacia adelante.

Reconoce que eres elegida por Dios, y ese es el regalo más grande que te han otorgado. Tu vida no depende de lo que fuiste, hiciste o tuviste; tampoco depende de las manos que hoy te señalan… Tu vida depende de lo que Dios dijo de ti, incluso antes de tu nacimiento.

«A Dios no le importa lo que hayas hecho en el pasado, a Él solo le interesa salvarte, libertarte, sanarte y renovarte».

Cree en tu llamado

Piensa en todas las veces que te han dicho que fuiste llamada por Dios, pero ha llegado la duda. Incluso en la Biblia encontramos personajes que Dios escogió para llevar a cabo una asignación, pero dudaron, y de una forma u otra Dios les mostró que no se trataba de cómo se veían ellos, sino de cómo Él los vio antes de nacer.

¿Cuántas veces tú también has pensado que no tienes las habilidades necesarias para cumplir con la asignación que Dios te otorgó? Es que tu llamado no depende de los recursos humanos. ¡Entiéndelo por favor!

En una ocasión, Moisés le dijo a Jehová: «… ¡Ay, señor! *nunca he sido hombre de fácil palabra, ni antes, ni desde que tú hablas a tu siervo; porque soy tardo en el habla y torpe de lengua. Y dice que Jehová le respondió: «… ¿Quién dio la boca al hombre? ¿o quién hizo al mudo y al sordo, al que ve y al ciego? ¿No soy yo jehová? ahora pues, ve, y yo estaré con tu boca, y te enseñaré lo que hayas de hablar…»*, Lee más en **Éxodo 4:10-23 RV60.**

Dios cuando llama también respalda. Él sabe que tienes creencias limitantes, pero por encima de todo eso Él te dice: **«Yo soy el que soy».**

Querida lectora, es necesario que cada día procures hacer las cosas que Dios te está mandando a hacer, para así poder experimentar una vida con verdadero propósito, y *buena actitud* frente a todos. Tu *buena actitud* es muestra del amor que le tienes a Dios. Tu *buena actitud* te ayudará a ver la vida como Dios quiere que la veas.

Oración

Padre, me presento delante de ti creyendo que tu perdón me alcanzó en la cruz del calvario. Quita de mí todo lo que no viene de ti, y hazme entender tu favor para conmigo, mi familia, y todo lo que me rodea. Enséñame a verme como tú me ves, porque ya no quiero verme como el mundo me ve.

Todo lo que el cielo dijo de mí es lo que veré cumplido en la tierra. Reconozco que me llamaste con grandes propósitos, por eso te pido que me ayudes a conocerlos cada día, y así poder llevar frutos a los demás. Te imploro todas estas cosas en tu Nombre que es sobre todo Nombre, amén.

Acerca de la autora

Esmerarlis García nació en República Dominicana. Desde muy niña conoció el amor de Dios en su hogar, y eso la motivó a transmitir carisma y empatía con las personas. Su pasión por el comportamiento humano la llevó a estudiar psicología organizacional, inteligencia emocional, psicología positiva, programación neurolingüística, entre otros estudios relacionados con la psiquis.

Su pasatiempo favorito es leer, y afirma que los libros le han servido como terapia en medio de tormentas inesperadas que le ha tocado vivir. Tormentas que han sido el canal para ella encontrar su propósito en la vida.

En el año 2020 inició el ministerio «Círculo de Mujeres», con la devoción de ayudar a mujeres en el ámbito espiritual y psicológico. La visión es levantar círculos de oración en todas partes del mundo, y poder ayudar a muchas personas a encontrar su propósito de vida.

Actualmente reside en los Estados Unidos, y uno de sus sueños es fundar una casa de paz para ayudar a niños huérfanos, viudas y ancianos con necesidades.

«Todo lo que el cielo dijo de mí es lo que veré cumplido en la tierra»

Esmeralis García

Autora

Acerca de la Editorial

Esta casa publicadora cristiana tiene su sede en Venezuela. Tenemos ocho años publicando bíblicamente para dejar huellas imborrables en los corazones. Nuestra meta es continuar escribiendo libros que dejen marcas esperanzadoras en las familias, los jóvenes, niños, y demás vidas que nos leen.

Deseamos que hables a otros de nosotros, para que sepan que en Venezuela Dios levantó una Editorial Cristiana que es luz ante la oscuridad de temas relevantes en nuestra socio-cultura. Leer nos educa, transforma, y aún más cuando está acompañado del Poder de Dios, obrando a través de su Inerrante e Infalible Palabra. Oramos para que cada persona sea guiada y transformada por Cristo a través de lo que publicamos.

Si deseas conocer nuestros paquetes editoriales para nuevos autores, comunícate con nosotros y haremos realidad tu sueño de publicar esa obra que tanto anhelas.

Disponemos de nuestros canales electrónicos para mayor comunicación.

En Instagram: @Editorialvestigios
Facebook: Editorial Vestigios
También puedes escribirnos al e-mail:
Vestigioseditorialvenezuela@gmail.com

Inspiración Diaria

30 DÍAS CON

Buena Actitud

ESMERARLIS GARCÍA

Made in the USA
Columbia, SC
07 July 2024

dbe35e05-bc2f-4139-b00d-4d0235b2b910R01